El primer vuelo

EDICIÓN PATHFINDER

Por Glen Phelan

CONTENIDO

2 El primer vuelo

8 Flyer 1

10 Amelia Earhart: volando hacia la fama

12 Verificación de conceptos

ORVILLE WRIGHT

WRIG

El primer vuelo

BIPLANE

¡El 17 de diciembre de 1903, los hermanos Wright despegaron hacia la historia!

Por Glen Phelan

El hielo cubría los charcos de la playa cerca de Kitty Hawk, Carolina del Norte. El viento tempestuoso helaba los huesos. Y lo peor de todo era que volar podía resultar peligroso. Pero quizás el viento disminuiría un poco.

No disminuyó. Así que los inventores Wilbur y Orville Wright decidieron arriesgarse. Orville se estiró en el ala inferior del avión y tomó los controles. El motor se encendió con esfuerzo.

La máquina voladora se movió despacio mientras Wilbur corría a su lado para estabilizar las alas. ¡Repentinamente, la aeronave despegó de la tierra hacia la historia!

En 2003, celebramos el centésimo aniversario del avión con motor. Honramos a los hermanos de Dayton, Ohio, que lo inventaron. ¿Por qué lo lograron cuando muchos otros no pudieron hacerlo? Esta es su historia.

Wilbur Wright, 10   **Orville Wright, 9**

Juguetes voladores

¿Tienes algún juguete preferido? Los hermanos Wright tenían uno. Su padre se los llevó a su casa un día en el año 1878. Wilbur tenía 11 y Orville, 7. Su padre ocultó la sorpresa en sus manos mientras ellos trataban de descubrir qué era. Luego, la lanzó al aire.

Los niños nunca habían visto algo similar a este juguete nuevo. Tenía dos hélices conectadas con una banda elástica bien ajustada. Al liberar la banda elástica, las hélices comenzaron a girar. El juguete se elevó y quedó suspendido en el aire durante algunos segundos. Luego bajó flotando hasta el suelo.

Wilbur y Orville lo llamaron el murciélago. Jugaron con ese juguete hasta que se rompió. ¿Qué piensas que hicieron después? ¿Tiraron el murciélago a la basura? Ellos no hacían eso. Pensaron cómo podían volver a armarlo. Luego construyeron uno nuevo. Luego otro y otro más. Cada versión que hacían era mejor que la anterior.

Wilbur y Orville eran curiosos. Querían saber cómo funcionaban las cosas. Los niños aprendían de los libros todo lo que podían y luego jugaban con aparatos y con máquinas.

"El hombre volador". Ese fue el apodo que le pusieron los diarios a Otto Lilienthal (derecha). El ingeniero alemán hizo 2000 vuelos en planeador antes de morir en un accidente de aviación en 1896.

Ruedas y alas

Cuando los hermanos Wright crecieron, se pasaban la mayor parte del tiempo trabajando en una máquina que probablemente hayas usado: la bicicleta. Wilbur y Orville abrieron un negocio que vendía y reparaba bicicletas. Hasta fabricaban bicicletas con sus propios diseños.

Mientras que los hermanos Wright fabricaban bicicletas, Otto Lilienthal fabricaba planeadores. El ingeniero alemán fue una de las tantas personas que querían descubrir cómo volar.

Los Wright veían en las revistas fotos del alemán barbudo pelirrojo colgado debajo de unas alas similares a las de los pájaros. Leyeron las historias de sus 2000 vuelos con "ala delta". El último vuelo de Lilienthal, el 9 de agosto de 1896, terminó en un desastre. Al perder el control del planeador, cayó a tierra desde 50 pies de altura. Se quebró la columna vertebral y falleció al día siguiente.

La tragedia demostró a Wilbur y a Orville el peligro que implicaba volar. Pero no les quitó el deseo de intentarlo. Los hermanos estaban decididos a construir una máquina voladora. No eran científicos o ingenieros capacitados. Pero habían aprendido mucho con el pasar de los años fabricando cometas, bicicletas, prensas de impresión, motores y muchas otras cosas.

Entre libros y águilas

Los hermanos Wright primero tuvieron que averiguar qué habían aprendido los demás hasta ahora. Leían todo lo que podían. Luego les escribieron a otros pioneros en aviación para pedirles consejo.

Llegaron a la conclusión de que una máquina voladora necesitaba tres cosas básicas:

1. alas para autosustentarse en el aire,
2. una fuente de energía para moverse por el aire y
3. una forma en la que el piloto pudiera controlar la máquina en vuelo.

Ya había otros que habían resuelto parcialmente los primeros dos problemas. La gente ya sabía que las alas debían tener una forma curva en la parte superior. Esta forma ayuda a crear **sustentación**, o un empuje hacia arriba cuando las alas van cortando el aire. Los expertos también sabían que un motor y las hélices podían mover la máquina en el aire.

El problema más grande era controlar el avión durante el vuelo. Algunos planeadores usaban **timones** para moverlos a la derecha o a la izquierda. Aunque el viento, hasta una pequeña ráfaga, podía hacer que la máquina voladora se bamboleara de un lado a otro. Para volar sin sobresaltos, un piloto debía mantener las alas balanceadas. Pero, ¿cómo?

Los Wright encontraron la respuesta observando grandes aves llamadas buitres. Un buitre en vuelo se balancea torciendo las puntas de sus alas en distintas direcciones. Los hermanos se preguntaron si podrían doblar o torcer las puntas de las alas de su aeronave. Eso resolvería el problema del control.

Wilbur y Orville probaron su idea en una cometa. Tenía dos alas de cinco pies cada una, con cuerdas atadas a las puntas. Al tirar de las cuerdas se torcían las alas. ¿Pero la **torsión de las alas** permitió a los Wright controla la cometa? ¡Sí!

Buitre

El gran día. *El diario de Orville Wright (arriba) está abierto en el 17 de diciembre de 1903, la fecha de su vuelo histórico.*

Lecciones de vuelo. *Wilbur Wright pilotea un planeador en octubre de 1902. Este éxito animó a los Wright a fabricar un avión con motor.*

Pruebas y túneles

Luego, los Wright fabricaron un planeador de tamaño real. Para probarlo, necesitaban vientos fuertes y constantes. Los encontraron en un tramo de una playa cerca de Kitty Hawk, Carolina del Norte. Allí llevaron su planeador en septiembre de 1900.

Los hermanos acamparon en la playa durante un mes. Wilbur era el piloto. Se acostó sobre el ala inferior. Orville sostuvo un extremo de un ala y corrió en dirección del viento hasta que el planeador despegó. El viaje más largo duró 20 segundos y recorrió aproximadamente 400 pies.

Durante los dos años siguientes, los Wright fabricaron planeadores mejores y más grandes.

Pero todavía no tenían suficiente sustentación. Eso significaba que era necesario seguir trabajando en el diseño del ala.

Los hermanos Wright construyeron un túnel de viento para encontrar la forma justa de las alas. Era una caja de madera con un ventilador en un extremo. Los inventores colocaban prototipos de alas en la caja, y así podían ver las formas que funcionaban mejor.

Los Wright volvieron a Kitty Hawk en agosto de 1902 con el mejor planeador que fabricaron. Esta vez, Wilbur y Orville se turnaron para volar. En un mes, ya habían hecho casi mil vuelos piloto. Se habían convertido en los mejores expertos en vuelo del mundo.

Hermanos famosos. *Orville (a la izquierda) y Wilbur Wright asisten a una demostración aérea en Nueva York en 1910. Para ese entonces, los hermanos eran pilotos y fabricantes de aviones famosos mundialmente.*

desde el principio. Con las tormentas y el clima helado resultaba difícil armar el Flyer 1. Luego se rompieron las varillas de la hélice. Orville tuvo que regresar a Dayton para hacer otras nuevas.

Todo estaba preparado para el 15 de diciembre. Tiraron la moneda para decidir quién volaría primero y ganó Wilbur. Cuando la máquina comenzó a levantar vuelo, tiró fuerte los controles, pero demasiado fuerte. Flyer 1 se estrelló de inmediato en la arena. Les llevó dos días arreglar la aeronave.

Ahora le tocaba el turno a Orville. Los hermanos se dieron la mano. Orville tomó los controles, y Wilbur mantuvo firme el ala. Justo en el momento que el avión se elevó, un ayudante tomó una foto famosa (página 8).

El vuelo duró sólo 12 segundos y recorrió una distancia de 120 pies. El avión se sacudió de arriba para abajo todo el tiempo. De todos modos, ese viaje tan cortito fue un gran éxito.

Por primera vez en la historia, una máquina más pesada que el aire e impulsada por su propia fuerza había llevado a un pasajero durante un vuelo controlado. En otras palabras, Flyer 1 fue el primer avión. ¡Comenzó la era de la aviación!

Vuelo con motor

Ya estaban preparados para el gran salto, agregar un motor.

De regreso en Dayton, los Wright se dedicaron a trabajar en las piezas finales de su aeronave: un motor con hélices. Los motores de automóvil eran demasiado pesados, así que construyeron sus propios motores.

Usaron el túnel de viento para encontrar el tamaño y la forma justa de las hélices de madera. Cadenas de bicicletas conectaban el motor con las hélices y las hacían girar. Wilbur y Orville le dieron nombre a la máquina: Flyer (Volador) 1. ¿Levantaría vuelo el invento? Pronto lo sabrían.

Los Wright llegaron a Kitty Hawk a fines de noviembre de 1903. Tuvieron problemas

Vocabulario

sustentación: fuerza ascendente que levanta un avión en el aire

timón: superficie plana que se usa para dirigir un avión

torsión del ala: cambio de la forma de un ala para mantener balanceado al avión

Flyer 1

Foto famosa: El primer vuelo

Flyer 1 hizo lo que jamás había hecho otra aeronave: con energía propia, el avión se trasladó por el aire controlado por un piloto. El diagrama muestra las partes claves del invento de Wilbur y Orville Wright en 1903.

1 Alambres de torsión del ala
Al tirar los alambres, el piloto podía mover las puntas del ala, y de este modo, mantener el avión balanceado.

2 Timones
Al mover estas bandas de tela el avión giraba hacia la izquierda o hacia la derecha.

3 Hélices
Impulsaban a Flyer 1 hacia adelante.

4 Motor
La combustión de gasoil generaba la energía para girar las hélices.

5 Elevadores
La posición de estas pequeñas alas hacía que Flyer 1 se moviera hacia arriba o hacia abajo.

Batiendo récords.
Earhart sonríe luego de batir un nuevo récord femenino en altitud en 1931.

Tomando riesgos.
Earhart observa el mapa mostrando la ruta que planea recorrer alrededor del mundo.

Amelia Earhart:

Cuando los hermanos Wright intentaron volar por primera vez, probablemente recibieron cantidad de comentarios tales como, "¿Están locos? ¡Eso es imposible! ¡Volar es para los pájaros!". Cuando Amelia Earhart comenzó a volar, la gente decía, "¿Estás loca? ¡Eso es imposible! ¡Volar es cosa de hombres!".

Earhart aprendió a volar a principios de la década de 1900. En esa época se pretendía que las mujeres se quedaran en sus casas educando a sus hijos. La mayoría de las mujeres no trabajaba fuera de su casa. ¡Por supuesto que no piloteaban aviones!

Volando alto

El interés de Earhart en volar comenzó durante la Primera Guerra Mundial. Trabajaba en un hospital militar y cuidaba a muchos pilotos heridos. En sus días libres, observaba volar a quienes habían sido sus pacientes.

Earhart enseguida se dio cuenta de que quería ser piloto. No había otras mujeres que piloteaban aviones, pero eso no le impidió intentarlo.
Tomó lecciones de vuelo. Cuatro años después, se compró su primer avión.

En 1928, Earhart se convirtió en la primera pasajera en atravesar volando el océano Atlántico. La mayoría de la gente no podía creer que una mujer haría una travesía tan peligrosa. Pero para Earhart, no era suficiente. Hubiese preferido pilotear el avión en lugar de ser pasajera.

Gafas que usaba Earhart cuando piloteaba

Ganando fama. Earhart obtuvo grandes honores en su corta vida. Earhart es vitoreada después de haber atravesado sola el Atlántico en 1932.

volando hacia la fama

Batiendo récords

Sólo cuatro años más tarde, su sueño se hizo realidad. En 1932, Earhart se convirtió en el primer piloto femenino en cruzar el océano Atlántico. El mundo celebró su éxito. Fue la segunda persona en hacer un vuelo tan riesgoso.

El vuelo histórico de Earhart fue sólo uno de sus tantos récords de vuelo. Batió récords de velocidad, altitud y distancia en competencias de vuelo. En 1935, se convirtió en la primera persona en cruzar sola el océano Pacífico.

El último sueño de Earhart fue volar alrededor del mundo. Los hombres habían logrado esta hazaña. Pero ninguna mujer lo había intentado. Earhart planeó su viaje. Eligió una ruta muy larga que nunca nadie había intentado recorrer.

Alrededor del mundo

En 1937, Earhart comenzó su travesía. Earhart se detuvo en cuatro continentes mientras recorría el camino. Después de volar durante seis semanas, Earhart comenzó su vuelo de regreso. Nunca más la volvieron a ver. Nunca se encontró ningún rastro.

Es posible que el último vuelo de Earhart haya sido trágico. Pero de todos modos fue un éxito. Earhart demostró que las mujeres podían enfrentar grandes desafíos. Su valentía sigue inspirando generaciones.

Casco de piloto que usaba Earhart

Vuelo

Responde las siguientes preguntas para evaluar lo que has aprendido sobre los vuelos.

 ¿Cómo se interesaron en el vuelo los hermanos Wright por primera vez?

 ¿Por qué los hermanos Wright probaron su avión en Kitty Hawk, Carolina del Norte?

 ¿Qué papel tuvieron los buitres en el éxito de los hermanos Wright?

 ¿Por qué se llamó primer avión al invento de los hermanos Wright?

5 ¿Por qué es que Amelia Earhart sigue siendo una fuente de inspiración para la gente actual?